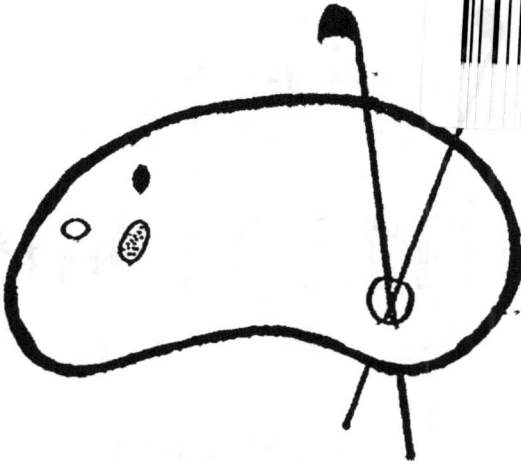

DEBUT D'UNE SERIE DE DOCUMENTS
EN COULEUR

APERÇU

D'UNE

NOUVELLE LOGIQUE

PAR

L. FOUCOU

1re PARTIE

Les préliminaires de la philosophie.

Les catégories; bases possibles de la Langue Universelle
Graphique et Phonétique.

Série, cycles, harmoniques, dans l'abstrait, dans la nature,
dans les beaux-arts : Architecture, sculpture,
peinture et musique.

La proposition, les fonctions logiques et le verbe.

PARIS

IMPRIMERIE ADOLPHE REIFF

9, PLACE DU COLLÉGE DE FRANCE 9

—

1879

Paris. — Imp A. REIFF, 9, pl. du Collége de France

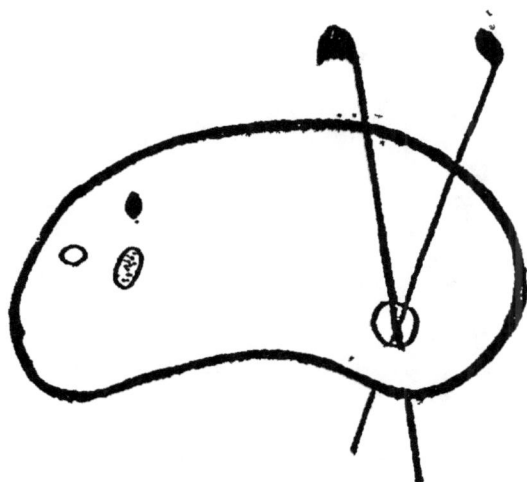

FIN D'UNE SERIE DE DOCUMENTS
EN COULEUR

APERÇU
D'UNE NOUVELLE LOGIQUE

APERÇU

D'UNE

NOUVELLE LOGIQUE

PAR

L. FOUCOU

1re PARTIE

Les préliminaires de la philosophie.

Les catégories ; bases possibles de la Langue Universelle
Graphique et Phonétique.

Série, cycles, harmoniques, dans l'abstrait, dans la nature,
dans les beaux-arts : Architecture, sculpture,
peinture et musique.

La proposition, les fonctions logiques et le verbe.

PARIS

IMPRIMERIE ADOLPHE REIFF

9, PLACE DU COLLÉGE DE FRANCE 9

—

1879

AVANT-PROPOS

Suivant les inspirations de Leibnitz dans ses nouveaux essais sur l'entendement, nous avons conçu l'idée d'une nouvelle logique, et nous y avons longtemps travaillé. Ces recherches ne sont point achevées; mais elles présentent dès maintenant un tout assez complet. Nous pouvons donc en entreprendre la publication. Des recherches analogues se multiplient avec succès un peu partout ; en Angleterre d'abord, où nous trouvons une école logique florissante, en Allemagne, en Espagne, même aux Etats-Unis. Voilà pourquoi sans attendre la publication intégrale de notre ouvrage, nous avons dû en donner un résumé qui indiquera les principaux résultats obtenus. Ceux-ci seront présentés ici sans démonstrations et sans développement, mais on doit croire que nous en possédons les démonstrations et que dans notre travail nous leur donnons les développements convenables. D'ailleurs, pour les esprits familiers avec ces études, l'enchaînement des vérités vaut presque les démonstrations, qu'ensuite un peu de réflexion fait aisément trouver.

Qu'on pardonne les négligences d'un résumé hâtivement écrit, et dont, prendre date, est le principal but.

Paris, le 10 juillet 1879.

.L. Foucou.

APERÇU

D'UNE

NOUVELLE LOGIQUE

CHAPITRE PREMIER

LES PRÉLIMINAIRES DE LA PHILOSOPHIE.

Notre travail commence par une introduction intitulée :
les préliminaires de la philosophie.

Un avant-propos indique les caractères actuels de la
philosophie ; savoir : d'être synthétique, d'aboutir à l'in-
struction de tous, de se mettre à la portée de tous, d'être
un des plus puissants instruments de la civilisation.

Nous examinons d'abord la nature de la philosophie. La
philosophie selon nous est une des quatre grandes activi-
tés sociales, des quatre puissances qui se partagent
l'humanité. Ces quatre puissances sont : La pratique,
l'art, la philosophie et la religion.

La pratique est la satisfaction immédiate et le plus souvent provisoire des besoins de l'homme. L'art est l'activité
indépendante de ces mêmes besoins. La philosophie est le
perfectionnement de l'homme par le perfectionnement de
son intelligence. La religion est l'appel de l'humanité à
des puissances supérieures.

Ces quatre puissances sont indépendantes entre elles, néanmoins elles doivent chercher à former une alliance qui ne peut qu'être favorable au bonheur de l'humanité. Indépendance et alliance, voilà leur loi suprême.

. Maintenant sont-elles isolées et n'ont-elles pas une racine commune? N'y a-t-il pas une puissance d'où elles émanent? Cette puissance c'est l'amour universel ou la puissance synthétique universelle.

De là nous passons à chercher la constitution de l'esprit humain. L'esprit humain est représentation, il est sujet à l'erreur et variable. Il y a en lui une connaissance indéterminée et une connaissance déterminée. Les quatre objets principaux de la connaissance, sont le réel, le possible, le nécessaire, l'idéal. Le réel s'oppose aux trois autres. Nous insistons surtout sur l'idéal comme formant la plus grande puissance de l'humanité. Or ces quatre objets correspondent aux quatre puissances de la vie sociale, le réel à la pratique, le possible à l'art, le nécessaire à la science, le parfait à la religion.

Après nous examinons la constitution de la science. Il est des principes que l'esprit voué à la science adopte, et qui le guident dans ses recherches.

Ces principes ne sont que probables. Néanmoins leur valeur et leur portée est grande. D'abord notre science est probablement limitée, mais nous ne pouvons en fixer les bornes, qui reculent sans cesse devant nous.

C'est ce qui donne lieu à la méthode, car sachant cela nous mettrons un ordre dans nos investigations.

Nous commencerons par ce qui nous est immédiatement accessible. Mais dans ce système limité qui nous est donné, tout n'est pas apparence, et nous pouvons avoir une connaissance réelle et absolue.

L'objet de la connaissance formant un système nous présente les caractères de la beauté. Quels éléments la constituent? C'est d'abord l'unité jointe à la diversité,

puis la grandeur, et la puissance dominant la grandeur
elle-même, le nombre simple, si prôné par les Pythagoriciens, la hiérarchie, la loi.

Parmi les lois, on distingue les lois premières immua-
bles, et les lois secondaires qui peuvent changer. Selon
toute apparence, le mal n'existe point dans la sphère des
lois premières.

Les modes de connaissance employés par la science sont
la démonstration et l'hypothèse.

Il y a quatre degrés de connaissance : la connaissance certaine, la connaissance très-probable, la connaissance probable, la connaissance purement possible ; nous
les admettons toutes au moins provisoirement. Nous insistons sur l'hypothèse qui à nos yeux est le plus grand
secours que possède la science.

Nous étudions ensuite la science dans ses différentes
sphères. Nous avons la sphère de l'apparence, celle des
phénomènes. Celle-ci est selon nous la sphère propre de
la science positive, ce que nous développons assez lon-
guement. Le monde des phénomènes est le terrain solide
où peut s'opérer l'union des esprits ; s'il n'est pas la plus
haute région de la pensée, il a pour lui l'immensité, l'ordre,
la beauté. Les sciences à priori, la logique et les mathéma-
thiques en font partie. Puis vient la sphère métaphysique,
où le sentiment a une certaine part, puis la sphère
mystique, où il domine, qui est en dehors de la science,
mais à laquelle l'humanité ne renonce pas.

Nous arrivons à la méthode.

La méthode est l'instrument employé par la science, dans
ses recherches. Nous en montrons l'importance, recom-
mandant surtout la méthode d'induction longue, patiente,
laborieuse, mais donnant seule des résultats solides. La
méthode de témoignage rentre dans la méthode d'induction.
Nous recommandons pour la science logique et mathéma-

tique, la méthode de l'induction à priori, qu'Aristote a
décrite et qui selon nous a une grande importance. Car
l'induction a lieu dans l'a priori même.

Vient ensuite le problème de la certitude. Nous indiquons les positions diverses que l'esprit peut avoir quant
à la vérité, et la puissance du doute; le doute doit attaquer,
critiquer une idée par une raison spéciale, de l'ordre auquel
appartient cette idée; puis les conditions de la certitude,
les objets auxquels elle s'étend. Elle peut exister dans la
sphère phénoménale, dans les sciences à priori logique
et mathématiques.

Dans la sphère métaphysique elle est contestée, mais
si la pensée métaphysique échappe peut-être à une certitude absolue, elle n'en est pas moins précieuse pour l'humanité.

L'homme a deux moyens de connaître : l'expérience et
la pensée idéale. Or, ces moyens ont tous deux leurs
avantages propres. L'expérience est plus sûre. La pensée
idéale va plus haut et plus loin. Nous comparons ces deux
procédés au toucher et à la vue, ce qui jette le plus
grand jour sur les différences qui les séparent et les
rapports qu'elles ont entre elles. Le toucher est sûr mais il
est bien borné; la vue se trompe aisément, mais pénètre
les profondeurs de l'espace. Et pourtant ne préférons-nous
pas mille fois plutôt la vue?

Il n'y a plus pour achever ces préliminaires que la division des sciences et leur classification. Exposons som-
mairement ici cette classification.

Sciences du possible.

Logique, sciences des formes possibles à priori,

Mathématiques, sciences de la quantité ou collection
classée, elles se divisent en :

Arithmétique et algèbre, ayant pour objet le nombre déterminé et le nombre indéterminé ;

Géométrie, quantité à plusieurs dimensions ;

Mécanique, le mouvement et les forces.

Sciences du réel.

Physique et Chimie.

Physique, science de corps soumis au mouvement et aux forces,

Chimie, science des combinaisons des corps,

Organique, Corps formant des systèmes complexes de dépendances.

Sciences de l'esprit.

Psychologie, science de la puissance intellectuelle, étudiant l'intelligence, l'émotion et la volonté.

Sciences des produits de l'esprit.

Le nécessaire et le parfait.

Le nécessaire. L'économie et le droit, science des biens qui satisfont les besoins de l'homme, soumis à la quantité et appropriables.

Le parfait, sciences ayant pour objet les biens communs.

Linguistique, objet : les signes, parole et écriture.

Esthétique. Un système de dépendances où un sujet est exprimé par un ensemble de choses sensibles.

Morale dont l'objet est le bien, loi des actes humains.

Sciences des puissances supérieures.

La politique. Puissance 1re sociale.

La religion. Puissance 1re cosmique et concrète.

La métaphysique. Puissance 1re absolue et abstraite.
Venons à la logique.

———————

LOGIQUE

CHAPITRE II

LES CATÉGORIES

Nous commençons par une introduction historique où le système d'Aristote, celui de Raymond Lulle sur lequel nous insistons, et la logique anglaise contemporaine ont la plus grande place.

Nous avons conçu la logique sous des points de vue que nous croyons nouveaux, et nous lui donnons un développement considérable; selon nous elle précède les mathématiques puis elle les dépasse de sorte que les mathématiques théoriques du moins n'en sont qu'une branche, qu'une partie. Néanmoins loin de l'avoir terminée, nous voyons de nouvelles perspectives s'ouvrir devant nous; nous aimons mieux au lieu de présenter une doctrine complète, trouver de nouvelles voies dans lesquelles la pensée puisse se mouvoir indéfiniment.

Nous employons aussi des notations semblables à celles de l'algèbre et des figures géométriques, schématiques, et graphiques. Par elles, nous pouvons décomposer la pensée en ses moindres éléments, autant qu'il est nécessaire. Nous pouvons unir aussi les résultats dans une vaste synthèse. C'est du moins ce que nous essayons et nous croyons que dans cette voie le succès attend les travaux des philosophes.

La logique est la science de l'idée a priori, abstraite, empruntant le moins possible à l'expérience ; elle envisage la possibilité, mais cette possibilité est multiple. Elle n'emprunte à l'expérience qu'une chose, l'existence de la synthèse, ou si l'on veut des synthèses de synthèses.

Elles offrent le caractère de la complexité qui fait la difficulté de la pensée. C'est elle que la logique attaque, et dont elle triomphe.

On étudie d'abord les formes abstraites à l'état de pure possibilité.

Cette 1re partie de la logique correspond aux catégories et à l'herméneia d'Aristote.

Puis on étudie les nécessités qui se révèlent entre ces formes, nécessités relatives qui font que telle idée entraîne telle autre.

Ces nécessités relatives sont des rapports de dépendances, ce que nous nommons des conséquences. C'est la partie correspondante aux premiers analytiques. Puis il y a les synthèses de dépendance, leurs causes, leurs divers ordres, leurs lois. C'est l'objet de la partie correspondante aux derniers analytiques.

On voit que nous suivons l'ordre d'Aristote. Il faut qu'il y ait une grande raison dans cet ordre, puisque Kant lui-même l'a suivi dans la critique de la raison pure.

Les synthèses sont plus ou moins complexes. Les synthèses complexes sont des combinaisons d'autres plus simples. Il y a donc lieu d'en venir aux éléments les plus simples des choses ; c'est là le problème des catégories.

Le problème des catégories a une telle importance que nous y consacrons près d'un volume, et pourtant il y a là une partie qui n'est que commencée et qui demande encore de longues recherches.

Ce problème peut s'énoncer ainsi :

Trouver les élémens les plus simples et en aussi petit nombre que possible, dont les combinaisons produisent toutes nos idées.

Dans une revue historique, nous examinons surtout les importants systèmes d'Aristote, de Kant, de Hegel, de M. Renouvier.

Pour résoudre ce problème, nous cherchons à reconnaître dans toutes les sphères de la pensée les principales idées qui y sont contenues, et qui sont le plus souvent exprimées par un mot. Si une idée complexe revient souvent dans une théorie, les idées dont elles se compose ont dans cette synthèse un lien puissant qui fait de cette synthèse une cause, une unité productive.

Cette unité est marquée par le mot. Cela il est vrai ne donne qu'une présomption qui demande une confirmation ou une vérification.

Ces catégories principales sont assez nombreuses. Dans notre travail nous en avons compté près de trois mille. Il y a lieu de les ranger par ordre de génération, par classes, qui sont les diverses sciences, par groupes, de sorte, que chaque groupe ne compte qu'un petit nombre de catégories, une dizaine par ex., et dans chacun on examine ce qui fait le fonds commun des idées qui y sont comprises. Puis on doit tâcher de les définir ce qui est un travail considérable. Mais dans cela il ne doit y avoir rien d'artificiel ; tout doit être naturel.

C'est de là que par induction l'on doit conclure les catégories radicales dont toutes les autres dérivent.

Ce travail sert à plusieurs autres fins : à discuter et à découvrir, si elle est possible, la langue universelle.

Car il n'y aurait plus qu'à exprimer chaque idée par un signe spécial graphique (exprimant directement l'idée) ou phonétique (c'est à dire exprimant des sons).

C'est encore là un système dégagé des controverses politiques, religieuses, métaphysiques. Bien des esprits ne voudraient pas s'y tenir, mais ce serait un des biens les plus précieux de l'humanité, une sphère neutre où pourrait s'opérer l'union des esprits.

De plus, à ce qu'il semble, elle confirme et assure les bases de la civilisation, et par suite elle est une des plus solides bases de l'enseignement, enseignement lui-même donné à tous et par tous les moyens possibles. C'est aussi comme une introduction à la métaphysique, pour les esprits qui ne peuvent y renoncer. Il y a lieu de traverser cette sphère de la pensée avant de monter plus haut.

Indiquons brièvement les résultats de nos recherches sur les catégories premières, radicales.

Les objets principaux de la pensée sont des *êtres* ou des *manières d'être*. Les êtres se distinguent entr'eux par leurs manières d'être. Celles-ci se divisent en deux, *collection* et *relation* ; la relation se divise en *dépendance* et *négation* ou plutôt *opposition*.

On a ainsi :

L'être ou l'unité.

La collection.

La dépendance.

La négation ou opposition.

On définit ces choses par le rapport de l'un avec plusieurs. L'unité est associée le plus souvent à une pluralité limitée. L'unité c'est l'être ; la pluralité c'est la collection; le rapport de la pluralité à l'unité, c'est la dépendance.

Le rapport des pluralités entre elles c'est la *négation* ou *opposition*. Cela explique toutes choses qui ne sont que des combinaisons de ces élémens premiers.

L'opposition peut être de deux sortes, ou bien elle supprime ce qui était avant elle, ou elle produit autre chose, d'où l'*opposition productive*, distinction importante à considérer.

L'opposition productive est puissance.

Il y a dans chaque ordre de choses, l'unité ou l'être, puis le non être ou négation ou opposition productive. Celle-ci fait naître la collection, puis la dépendance, et la puissance.

Les collections, dépendances et puissances d'un ordre de choses sont résumées dans une unité qui commence un ordre suivant.

Ces ordres sont : l'ordre a priori, l'ordre physique, l'ordre de l'esprit et l'ordre métaphysique.

L'ordre métaphysique est réservé ; nous n'avons pas à nous à occuper. Cependant observons que les systèmes qui ont été proposés à cet égard, emploient les mêmes catégories. Le matérialisme repose sur l'idée de collection, i'idéalisme sur celle de dépendance, le spiritualisme sur celle d'opposition productive ou puissance.

Après avoir donné les catégories par groupes et par classes, nous essayons la réduction et la synthèse de ces catégories, obtenant ainsi non plus les catégories premières radicales, mais d'autres, dites dérivées, qui sont un moyen terme entre les catégories premières et celles si nombreuses qui forment comme le vocabulaire de la science.

Ce travail peut se résumer simplement dans l'existence de deux ordres de facteurs et dans la combinaison de ces facteurs entr'eux.

On a d'abord la division en :

Compréhension,
Extension,
Synthèse.

Ce n'est pas ici la compréhension et l'extension des logiciens, qu'ont peut appeler abstraites ; mais c'est une compréhension et extension concrètes.

Les objets, soit le corps organique, forment un système de dépendances, c'est une compréhension. Cette compréhension a des rapports (qui le plus souvent consistent en actions et réactions avec d'autres systèmes) d'où l'extension

2

qui se divise en plusieurs actes, soit l'action des sens ou les mouvemens dans l'homme. Enfin une synthèse s'établit entre ces actes.

Puis vient une deuxième série des facteurs. Ce sont les facteurs du développement et de l'enveloppement. On a d'abord le terme origine du développement, puis l'opposition, la pluralité, la combinaison, la permutation.

Après viennent les catégories de l'enveloppement. Elles s'opèrent au moyen de l'identité qui toutefois en est le terme.

On a ainsi d'abord :

La SÉRIE, forme dans laquelle étant donnée une collection, il y a entre un terme de cette collection et un autre terme une relation, puis entre celui-ci est un troisième terme la même relation et ainsi de suite.

Tel est par exemple l'ensemble des villages qui succèdent sur une route.

Quand tout est comme ci-dessus sauf que la relation n'est pas partout la même., on dit qu'il y a chaine. Dans la série les relations sont les mêmes.

Les relations éléments des chaines ou séries sont de deux sortes : convertibles ou réciproques quand on peut permuter entre eux les termes sans que la relation cesse d'être vraie. Ex. :

$$\text{si } a = b \quad b = a$$

ou inconvertibles dans le cas contraire, par exemple la relation de la cause à l'effet n'est point celle de l'effet à la cause.

Le CYCLE, forme des plus importantes, la plus importante peut être, que nous étudions dans un grand détail. Il y a cycle lorsque dans une série le dernier terme est identique au premier. Le cercle en est un exemple.

Dans le cycle il peut y avoir un terme principal auquel les autres sont subordonnés.

L'union d'un pareil cercle et d'une série indéfinie, le terme principal se répétant, donne lieu à la notion des HARMONIQUES. C'est là aussi une notion de la plus haute importance, et qui a comme nous verrons de nombreuses applications.

Les autres catégories de l'enveloppement sont la convergence, l'union des opposés, l'identité.

Après vient l'application de la 2ᵉ série de facteurs à la 1ᵉ.

Quant à la compréhension, elle ne donne rien de nouveau, mais quant à l'extension il n'en est pas de même.

D'abord nous avons le sujet, l'objet, l'acte, l'instrument, la représentation, la fonction, la faculté ; la division de l'acte en analytique et synthétique, statique et dynamique, puis la distinction de l'instrument, et du produit. La synthèse appliquée à l'acte nous donne la collection des produits, la collection des facultés ou association, les puissances, les phases des puissances, isolement, lutte, harmonie, les produits, ou résultats qui donnent lieu à de nouvelles catégories, les lois.

Si l'on se reporte aux catégories premières et si on les compare avec celles que nous indiquons ici, on verra qu'elles se correspondent, la collection est compréhension, l'extension dépendance, la négation ou opposition productive synthèse et puissance.

A chaque classe de catégories s'applique le développement et le retour à l'unité ; les catégories se systématisent de plus en plus.

LANGAGE GRAPHIQUE ET PHONÉTIQUE. —

BASES DE LA LANGUE UNIVERSELLE.

Les catégories premières et dérivées étant déterminées, on'doit se demander comment on peut les exprimer par les signes les plus analogiques possible.

C'est le problème de la langue universelle. Nous ne pouvons poser ici que les bases de ce travail.

Il y a trois sortes de langages, le langage mimique, le langage graphique, et le langage phonétique.

Le langage mimique exprime les idées au moyen de gestes. Il est d'un usage très limité, et d'ailleurs il imite l'écriture, c'est à dire le langage graphique.

Restent le langage écrit et le langage phonétique.

Le langage écrit graphique exprime surtout les côtés constants des choses, et le langage phonétique les côtés variables.

Le langage phonétique range les signes selon une série linéaire, le langage graphique emploie deux dimension de l'espace.

LANGAGE GRAPHIQUE.

Il y a deux sortes de langage graphique ; un synthétique, employant des schêmes plus ou moins complexes affectant souvent la forme circulaire. Ex. la rose syllogistique de M. Gratry, l'autre aussi analytique que le langage des sons.

Le langage graphique a cet avantage qu'il peut être compris par les individus parlant des langues différentes, qui donneraient à un même signe graphique chacun le son ou mot phonétique employé dans sa langue. Il en est ainsi des chiffres 1, 2, 3.

D'ailleurs chacun sait combien le dessin d'un objet est plutôt et mieux saisi qu'une description du même objet.

L'histoire nous offre comme exemple du langage graphique, le système hiéroglyphique Égyptien, le système cunéiforme primitif des Assyriens, l'écriture première des Chinois, et le langage écrit des Mexicains.

Mais ce langage est très mêlé à notre langage lui même.

Un certain nombre de lettres sont analogiques. Citons les chiffres, les signes algébriques, les signes astronomiques, le blason, la musique. Il est de plus en plus employé par les sciences et par les arts par ex. la topographie, le météorologie, l'archéologie, ce qui prouve qu'il est un des besoins de la science moderne.

La langue graphique a trois éléments, le point, la ligne droite, la ligne courbe. On peut y joindre l'absence de signe, le vide.

Mais les directions, les proportions de ces éléments peuvent être variées, et le langage graphique est extrêmement riche.

Un mot peut avoir plusieurs signes selon ses définitions et ses propriétés multiples.

Voyons comment on pourrait exprimer graphiquement les facteurs premiers de la pensée, les catégories premières ou moyennes.

Ces signes ne sont que provisoires.

L'être simple ou l'unité

$$\cdot \; 1 \; 0$$

Le point, le chiffre 1, le cercle très petit.

La collection

$$+ \quad \bigcirc \quad \square$$

le signe plus des mathématiques, une figure fermée.

La dépendance   /
une droite penchée.

La négation ou opposition

x |

Deux accolades qui se tournent le dos, une simple barre verticale. Voilà pour les catégories premières.

Viennent les catégories dérivées,

La compréhension

}   O

accolade fermée ou ouverte,

Extension analytique

O—

Synthèse des extensions

⊖

Puissance relative

⊖

angle joignant le cercle interne au cercle externe.

Viennent ensuite les séries du développement et de l'enveloppement,

La pluralité

≪   <

faisceau de lettre droite ou angle dont un côté est horizontal.

Permutation

cercle muni d'une pointe de flèche, indiquant la permutation comme un effet du mouvement de rotation.

Catégorie de l'enveloppement. . Série

ligne penchée ; on lui donne une ondulation si on veut
la distinguer du signe de la dépendance.

Cycle

Le cercle l'exprime tout naturellement.

Harmonique

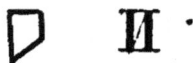

un trapèze qui représente une harpe un H modifié. S'il le
faut, on numérote les harmoniques. C'est surtout aux
harmoniques que le nombre s'applique.

Convergence

Egalité, signe connu =

La permutabilité en général par une virgule, A, B,

A est permutable avec B, ou bien A ↝ B.

Identité

boucle ou nœud en-dessus.

Analyse   Synthèse

Tout   partie   tout   quelque particulier

omnis

q   p

ce qui sera justifié plus tard.

Abstrait   concret

Constant   variable

Fini   indéfini

Organe   Oo

un épicycle

Instrument   Oo—

Produit   0—o

Cause

commencement de puissance

Puissance

ou bien un cercle rayonnant

Loi

synthèse de puissances.

LANGAGE PHONÉTIQUE.

Nous étudions d'abord l'organe vocal. Cet organe n'est pas originairement destiné à la parole. Il se compose d'organes servant à la digestion et à la respiration. On voit par là que la nature est polychreste.

Le langage et la voix sont ainsi comme une sorte de luxe magnifique de la nature.

La larynx toutefois sert spécialement à l'émission de sons variés, mais il ne produit que des sons musicaux. La musique est aussi un langage. Toutefois nous nous bornerons à l'articulation. Les articulations composent un système complet et varié.

Les voyelles d'abord forment une hiérarchie de sons se succédant par octaves. Mais l'élément essentiel du langage phonétique est la consonne. Il y en a de trois classes selon les barrières qui modifient la voix : les gutturales, les dentales, les labiales.

Dans chacune de ces classes il y a une douce et une forte, une soufflante douce et forte, et une nasale. Or ce système varié et harmonieux peut se prêter à l'expression analogique de toutes choses. Nous faisons entrevoir comment on peut les appliquer à chacune des catégories premières et moyennes et de là à toutes les autres.

Les gutturales expriment la compréhension ou collection. L'extension, acte externe et partiel de la compréhension, est représenté naturellement par les labiales, ex. le produit. La synthèse est exprimée par les dentales, ex. la somme, le tout, Dieu, le toit, le teotl. méxicain, les tao et tien chinois.

Voilà pour l'expression de la première série de facteurs. Quant au développement et à l'enveloppement. nous le représenterons par les diverses espèces de lettres de chaque classe.

La typique faible exprime l'idée en elle-même. La forte, redoublement de la faible, exprime la dualité et l'opposition. Les soufflantes composées d'une suite de sons qui se succèdent rapidement représentent la pluralité et même la série.

Divers termes d'une série sont mieux représentés par les voyelles, qui forment une série harmonique.

Les lettres *r* et *l* liquides qui sont presque des semi voyelles, sont affectées au mouvement.

L'enveloppement et le retour à l'unité vient ensuite ; c'est l'inverse, c'est le cycle.

Or ce qui est analogue à l'inverse, c'est les nasales. Le son parti des organes de la respiration, retourne dans les nasales, vers ces organes eux-mêmes.

Parmi les voyelles, *o* et *i* peuvent aussi exprimer cet enveloppement, ce retour à l'unité, mais le cycle est représenté dans les langues indo-européennes par des gutturales ; on en a des exemples innombrables ainsi courbe, gorge, coupe. Les gutturales expriment la collection, c'est vrai, mais la collection prend volontiers la forme cyclique.

Voilà les bases de la langue phonétique.

Nous ne poussons pas plus loin cet examen; mais on voit comment la langue universelle, rationelle et logique est possible.

Cette langue universelle aurait pour les mots composés, simultanément les formes de simple juxtaposition ou agglutination, de flexion, et de réduction à l'expression la plus simple. La première forme est plus favorable à la pensée analytique, la deuxième à la poésie et la dernière à la pratique.

Il y aurait lieu aussi de poser des lois euphoniques, comme il y en a dans toutes les langues. Nous ne voudrions pas créer un jargon barbare, mais un langage harmonieux. Il serait pour la poésie, affranchi des règles étroites de la métrique. Toutes les formes régulières, quantité, assonance, antithèse, symétrie, seraient admises, et les formes matérielles du langage seraient conformes à la pensée elle-même. C'est ce qui n'a pas lieu chez nous par. ex. ou un vers est pour la rime, et l'autre pour le sens. Ainsi la versification concorderait avec la pensée.

Nous ajoutons à cela un double système de sténographie. Les vrais principes de la sténographie ont été posés, mais l'attribution des divers signes aux diverses lettres est vraiment arbitraire. Pour lever cet arbitraire, nous rangeons les signes de façon à ce que leur ensemble représente l'organe de la voix humaine, chacun étant à la place de l'organe qui émet le son qu'il représente. Nous avons ainsi :

Schéme des consonnes

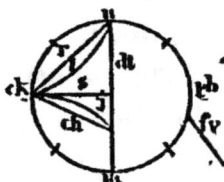

Schéme des voyelles

Nous avons aussi les signes

a	O
o	o
e	' '

accents dans diverses positions.

Le signe affecté à un son représente aussi souvent la forme des vibrations de ce son. Il en est ainsi pour le c par ex.

Un deuxième système très secondaire consisterait à employer des signes se rapprochant le plus possible des lettres actuelles. Nous aurions ainsi. :

$$a \quad m \quad n$$
$$z \quad \frown \quad ()$$

Si les peuples anciens avaient eu tous une langue, telle que nous la concevons ici, il n'aurait pas fallu tant de travaux pour lire les inscriptions de l'Egypte et de l'Assyrie.

Mais ce n'est là qu'une base, et la construction d'une telle langue demande encore bien des recherches. Toutefois, après ces études, on ne peut qu'être encouragé par de si précieux résultats.

CYCLES ET HARMONQUES DANS L'ORDRE ABSTRAIT.

Voyons-les d'abord dans les mathématiques.

L'algèbre nous donne le plus et le moins, dont l'addition forme un cycle

$$- - a = + a$$

De même pour la multiplication

$$- a \times - a = + a .$$

Quand on a une série de — s'affectant par voie d'addition ou de multiplication, dans les résultats, les — et les + se succèdent périodiquement. C'est un cycle à deux termes.

La théorie des équations emploie surtout les cycles. Toute équation est ramenée à être égale à o, on a ainsi :

$$f(x) = o.$$

Cela veut dire qu'il y a dans le premier membre un

certain nombre de termes qui produisent une certaine quantité, et d'autres qui détruisent cette même quantité.

Comme on peut diviser cet ensemble en deux membres de bien des manières, on englobe toutes ces opérations dans une seule, typique, et l'on a un cycle.

Vient ensuite la conception des quantités imaginaires $\sqrt{-A}$. On réduit la quantité imaginaire à une quantité réelle, multipliée par la racine carrée de moins un.

$$\sqrt{-A} = A\sqrt{-1}.$$

Cette racine carrée $\sqrt{-1}$ n'existe pas, il semble. Eh bien ! on a là l'instrument le plus puissant dont disposent les hautes mathématiques, surtout si on combine cette notion avec l'idée de dérivation.

L'imaginaire suppose deux facteurs variables. On a alors non seulement le plus et le moins d'un facteur, mais encore le plus et le moins d'un autre facteur, et c'est dans le plus et le moins de cet autre facteur qu'est l'origine de l'imaginaire.

Nous ne pouvons ici entrer dans les autres détails. D'ailleurs l'imaginaire commence à être expliqué assez bien par les mathématiciens eux-mêmes.

L'imaginaire représente la perpendicularité, et l'évolution circulaire, qui est une évolution cyclique.

Le facteur $\sqrt{-1}$, étant admis, on le note simplement par la lettre i qui veut dire imaginaire.

Si l'on prend les puissances succesives de l'imaginaire, on a :

$$\sqrt{-1} = i$$
$$\sqrt{-1}^2 = -1$$
$$\sqrt{-1}^3 = -i$$
$$\sqrt{-1}^4 = 1$$
$$\sqrt{-1}^5 = i$$

Après la quatrième opération on revient au point de départ et l'on recommence indéfiniment. Cela donc est bien un cycle.

La négation s'affectant elle-même (non non) forme un premier cycle, d'où les autres dérivent (ce qu'indique le proverbe deux négations valent une affirmation). On a comme application de ce cycle celui du $+$ et du $-$, puis en fractionnant celui-ci et en le divisant en deux, le cycle des puissances de l'imaginaire.

Mais on ne s'arrête pas là puisque $i^4 = 1$, i est une racine quatrième de l'unité ; on imagine donc des racines de l'unité de tous les degrés. Or, pour chaque degré ces racines sont un nombre égal au nombre du degré et forment un cycle. Ce qu'il y a de curieux, c'est que toutes ces racines sont exprimables au moyen de l'imaginaire ou des racines quatrièmes de l'unité.

Elles servent à résoudre les équations de tous les degrés, mais nous ne nous arrêterons pas à cela.

Les cycles s'introduisent aussi dans la théorie du calcul différentiel et intégral. Il y a des séries de dérivations qui reviennent au point du départ. Dans une intégration chaque terme s'intègre à part et chaque facteur suit la loi de son évolution. Or, il y a des facteurs cycliques et des facteurs indéfinis. Les facteurs cycliques, suivent donc un ordre cyclique d'intégration par exemple les 4 intégrales successives de sin. x, dont la première est $\int \sin. x\, d x$ sont :

$$- \cos. x$$

$$- \sin. x$$

$$+ \cos. x$$

$$+ \sin. x$$

après quoi l'on recommence le cycle.

La théorie des nombres est surtout la théorie des périodes. Le plus souvent on a des facteurs cycliques associés à des facteurs indéfinis. Dans certains cas il y a lieu de tenir compte des facteurs indéfinis ce qui se fait en comptant les périodes entières comprises dans les résultats. D'autres fois, comme dans les congruences, on ne tient compte que des facteurs cycliques et l'on ne considère que les résidus et les éléments de ces cycles.

Ainsi quand une voiture parcourt un chemin, la route parcourue est mesurée par un certain nombre de tours de roue, plus un reste exprimable par un certain nombre de rayons.

Dans la géométrie la notion de cycle prend une importance prépondérante. La géométrie prise abstraitement a pour objet des séries de séries de séries. Le terme premier est le point, la série première est la ligne, la série des lignes forme le plan, la série des plans l'espace.

Mais il ne suffit pas de ces séries pour constituer l'espace et la géométrie. *L'existence des séries n'a lieu que pour pouvoir former des cycles.* Ce réseau géométrique n'est qu'un tissu sur lequel on peut broder des systèmes indéfinis de cycles.

Le cycle géométrique dérive de la notion des obliques. Chaque point du plan est exprimé par deux facteurs x, y, on a $y = f(x)$. Mais la fonction la plus simple est celle du premier degré. Cette fonction exprime, en général, une droite oblique.

Il en est de même dans l'espace où on a une notion analogue, seulement avec un facteur de plus. Mais d'un point quelconque pris comme centre, on peut tirer un nombre indéfini de droites. De même on peut tirer une droite entre deux points quelconques. Si l'on prend trois points, tirant des droites entre eux, on a un triangle. Or, si l'on parcourt le contour de ce triangle on repassera périodiquement par le même point, on a donc là un cycle. Le cycle géométrique le plus simple est donc le triangle.

Ce triangle nous présente un inverse indirect. L'inverse direct revient au point de départ par le même chemin ; l'inverse indirect par un autre chemin. De là on tire l'idée de l'évolution angulaire ; puis celles de l'évolution circulaire et du mouvement de rotation.

Mais il y a encore le mouvement d'un point selon une droite ou mouvement de translation. La combinaison de ces deux mouvements produit tous les autres ; or le mouvement de translation est indéfini, celui de rotation est cyclique.

Par là une droite peut être transportée en sorte qu'un de ses points coïncide avec un point quelconque de l'espace, puis elle peut avoir autour de ce point une évolution cyclique. L'espace est conçu comme homogène, il a l'homogénité d'égalité, et celle de similitude.

Cela étant établi, la géométrie est entièrement rationnelle ; elle est une branche de la logique. C'est là ce qui concerne l'espace formel. Mais il y a aussi l'espace réel. En quoi diffèrent-ils ? L'espace formel suppose une relation entre deux points voisins sans la définir, il y a relation, cela lui suffit. Mais on se demande quelle peut être cette relation dans l'espace réel. C'est peut être une réciprocité d'action. Cela ouvre la voie à des réflexions sur la nature et sur la différence de la matière à l'esprit.

Cela admis, les définitions se déroulent sans difficultés. Ainsi la droite est la série déterminée par deux points donnés.

Il n'y a plus d'axiòmes ni de postulats. Le postulatum d'Euclide se démontre. On s'appuie sur ce que la somme des trois angles d'un triangle vaut deux angles droits.

En effet quand on a une droite fixe A X et une autre A Y mobile sur elle, la mobile peut prendre vis-à-

vis de la fixe toutes les différences de directions
possibles. Mais si elle se meut sur elle de manière
à faire toujours un même angle, soit A o Y, A o Y',
cette direction différentielle ne changera pas. Pour
qu'elle change et que les directions possibles soient épuisées il faut un mouvement de rotation. Supposez A Y couché
sur A X, il faut une évolution angulaire. Une première évolution produit l'angle a, puis la ligne mobile glissant sur
elle-même de A en Y, l'angle n'a pas changé. Ensuite on
décrira l'angle y, puis faisant glisser de nouveau d'Y en X,
il n'y aura pas d'évolution. Alors on décrira l'angle x, le
triangle sera formé ; on reviendra par glissement en A.
Mais toutes les directions ne seront pas épuisées, si l'on
ne considère qu'un seul sens de la ligne. Restent celles qui
sont au-dessous de la ligne A X, or celles-ci comprennent
deux angles droits et alors on revient au point de départ
à la même direction et au même sens. Mais la somme des
évolutions est alors de 4 angles droits ; il y en a deux
pour les côtés au-dessous de A X ; il en reste donc deux
pour les évolutions et la somme des angles du triangle.

Nous passons rapidement sur le théorème des carrés de
l'hypoténuse. Il a été contesté, car la nouvelle géométrie
imaginaire n'admet pas la similitude, et l'on démontre le
théorème de Pythagore par la similitude ; mais il y a des
démonstrations fondées non sur la similitude, mais sur des
égalités d'éléments. D'ailleurs nous avons trouvé une démonstration fondée sur le calcul intégral que nous don-
nerons plus loin. Ce théorème offre aussi une propriété

cyclique, car Y est moyenne proportionnelle entre X et
X' ; on a ainsi la progression suivante X, K X — Y,

$K^2 X = X'$; si donc l'on suppose $X = K$, on aura K, K^2, K^3.

Dès lors les points X, Y, X' seront sur une spirale contenant les puissances de K ; d'ailleurs les angles qui séparent ces rayons vecteurs sont égaux.

Puis on a l'axiôme des 3 dimensions de l'espace, que les géomètres ne démontrent pas.

Pourquoi trois dimensions seulement ?

Les dimensions forment un système cyclique et peuvent se substituer par des mouvements cycliques les unes aux autres. Mais le cycle des trois dimensions ne fait pas obstacle aux cycles des deux dimensions $x\,y$, $x\,z$, $y\,z$; ces deux dimensions s'échangent par un mouvement cyclique. Or dans ce mouvement il y a un pivot, et ce pivot est la troisième dimension, mais il n'y a qu'un pivot possible, donc il n'y a qu'une troisième dimension. C'est là l'esprit des explications que nous donnons à ce sujet.

On définit donc l'espace au réseau de trois dimensions à homogénéité cyclique.

Observons encore que les courbes mêmes ouvertes participent à la nature du cercle et sont des espèces de cycles.

Dans la mécanique, les cycles reparaissent et jouent le premier rôle. En statique, pour que des forces maintiennent un système en équilibre, il faut que ces forces soient représentées graphiquement par un polygone fermé. Or ce polygone est un cycle.

Quand il n'y a pas équilibre, les forces ont une résultante. Cette résultante n'est que l'inverse direct de la conclusion du polygone des forces.

Les couples de Poinsot produisent le mouvement de rotation et ont lieu dans deux directions inverses.

Si la somme des projections des forces sur les axes rectangulaires de l'espace sont nulles, il y a équilibre ; le cycle là est évident. Le principe de d'Alembert, le principe des vitesses virtuelles de Lagrange donnent lieu aussi à des cycles.

Le levier, ou mouvement de rotation sur un axe fixe est le principe de toutes les machines.

De même on représente généralement le mouvement des corps par des courbes ou des solides qui roulent les uns sur les autres.

Quant à la géométrie imaginaire de Lobatchewsky elle n'est autre chose que l'addition ou la substitution d'une dimension cyclique à une dimension rectangulaire, comme on peut le voir par un examen même sommaire.

Voilà pour les cycles dans l'ordre abstrait. Venons à l'ordre concret.

CYCLES ET HARMONIQUES
DANS L'ORDRE CONCRET.

Pour les harmoniques, nous indiquons comme nous ayant inspiré cette étude un penseur peu connu, L. Lucas auteur de l'*acoustique nouvelle*, de la *chimie nouvelle* et de la *médecine nouvelle*.

L'harmonique naît de la combinaison du cycle et de la série indéfinie ; le terme qui clôt le cycle détermine l'harmonique.

Nous examinons ces catégories dans la plupart des sciences et des beaux arts.

PHYSIQUE. — Nous avons d'abord l'éther ou matière subtile, et la matière pondérable. D'où les harmoniques etherés qui sont les agents physiques : Pesanteur, chaleur, électricité, lumière, et les harmoniques pondérables. Ceux-ci sont les corps-types de la chimie.

CHIMIE. — Les corps-types de la chimie peuvent être l'hydrogène, l'oxygène, l'azot, le fluor, et le carbone. Chacun d'eux a une affinité spéciale avec une harmonique impondérable.

CRISTALLOGRAPHIE. — Les formes cristallines et les formes ·minérales en général sont une suite d'harmoniques. Nous indiquons à ce sujet les études de Mᵉ Pape Carpentier : le *secret des grains de sable*, celles de M. L. Hugo sur *les cristalloïdes*, de M. Gaudin sur *l'architecture des atômes*.

ASTRONOMIE. — La loi de l'attraction ne règle pas tout en astronomie. Les masses et les distances déterminent les mouvements des astres, mais ne sont point déterminées en elles mêmes ; elles peuvent donc être soumises à des lois cycliques et former des harmoniques.

SCIENCES ORGANIQUES.

Les cycles statiques sont visibles dans les formes cylindriques uo sphéroïdes, végétales ou animales ; les cycles dynamiques dans les fonctions vitales et les mouvements qui se renouvellent selon des périodes diverses. On voit les harmoniques dans ces fonctions, dans la série des organes, qui leur servent d'instrument, surtout celle des sens, dans l'échelle des règnes, des classes et des genres.

Laissant de côté pour le moment les autres sciences nous arrivons aux beaux arts.

BEAUX ARTS.

Quant à l'objet qui nous occupe, nous divisons les beaux arts, en deux classes. Les beaux arts déterminés sont ceux dont les élémens, les proportions sont mathématiques et explicites ou aisément déterminables : architecture et musique. Les arts indéterminés sont ceux où les proportions sont réellement indéterminées ou non explicites et difficiles à déterminer : sculpture, peinture, art littéraire.

ARCHITECTURE. — En architecture les proportions sont nettement déterminées sur le plan de l'œuvre et facilement déterminables sur l'œuvre même. L'architecture aime les rapports les plus simples elle emploie les facteurs 1, 2, 3, 5.

SCULPTURE. — Rien n'est déterminé, en apparence, du moins, dans la sculpture.

Il y a des types, mais les types se subdivisent. Tout type contient une indétermination qui peut se restreindre par des déterminations postérieures.

Les anciens toutefois employaient pour fixer certaines proportions, la méthode des cercles. Léonard de Vinci l'employée dans la Cêne. Nous ne pouvons y arrêter ici. Mais cela n'explique pas le détail des formes. Il y a une science relative à ce sujet, c'est la science des formes, la plastique, dont on commence à s'occuper sous ce nom.

Une masse d'éléments plus ou moins fluides ou flexibles, soumis à un certain nombre de forces étant donnés, du travail de ces forces sur ces masses résulte une certaine forme. Voilà l'objet de la plastique ; elle est une branche de la mécanique appliquée.

Exemples. La forme sphérique prise par une masse fluide dont les points ne sont soumis qu'à leur attraction mutuelle, l'aplatissement des pôles, la forme de l'océan dans les marées.

Les proportions peuvent être déterminées dans la sculpture comme dans la peinture.

PEINTURE.

Elle a quatre parties, 1° la forme de l'objet visible;
2° le coloris.; 3° le clair obscur; 4° la perspective aérienne•
Ces parties peuvent être envisagées dans l'objet, ou sur le
tableau.

·Les formes sont ou rectilignes ou courbes. Les lois de
la forme pourraient être connues par l'observation des
œuvres des grands maîtres, en les étudiant sur le tableau
supposé divisé en carrés, c'est à dire quadrillé, et à l'aide
de la règle et du compas. Mais dans cette recherche il ne
faut pas s'arrêter au résultat brut pour ainsi dire. Il faut
chercher les principes naturels du classement des points,
les centres, les axes, les rayons, décomposer les produits
en facteurs, et prendre les logarithmes. Cela revient souvent au problème suivant : une courbe étant empiriquement
donnée, trouver son équation.

· Quant aux couleurs, nous insistons sur les beaux travaux de M. Chevreul, montrant comment la série des couleurs tend à former le cycle optique.

Ce cycle est ici le cercle des couleurs ou cercle chromatique.

Cela met en lumière la tendance qu'a l'ésprit de ranger
selon un cycle les séries de la nature.

Ainsi le rouge et le violet opposés dans le prisme, de-
viennent voisins dans le cercle optique.

La sensation amène donc à des cycles les séries de la
nature.

De là vient la loi logarithmique de la sensation, puisque
dans les cercles les angles sont des logarithmes.

· Les harmoniques sont ici les trois couleurs, fondamentales: rouge, jaune ou vert, bleu.

Dans les cycles optiques il y a lieu à un tempérament,
comme dans la musique.

Passons sur les deux autres parties de la peinture.

Il y a lieu encore aux harmoniques dans la disposition des plans qui se succèdent, dans celle des régions obscures et des régions lumineuses, dans la disposition et les distances respectives d'objets plus ou moins indépendants.

Tout cela donne lieu à des lois, et ce qui n'est pas réglé par les mathématiques peut l'être par la logique.

On obtient par de tels moyens les topiques de l'art. Or ces topiques sont utiles :

1° Aux commençans, aux élèves ;

2° Aux amateurs qui travaillent pour eux-mêmes et qui sont heureux de balbutier la langue divine de l'art ;

3° Aux génies eux-mêmes qui éprouvent de la lassitude, subissent la maladie et pourtant doivent continuer leur travail ;

4° Pour aller vite dans les parties secondaires ;

5° Quand les difficultés surgissent, quand on veut obtenir des effets exceptionnels et que les moyens ne se présentent pas d'abord, quand on veut employer un autre style que celui dont on a l'habitude ou le goût.

Les topiques ne sont que des aides précieux ; *non necessitant.*

***

MUSIQUE.

Dans la musique, les cycles et harmoniques sont tout-à fait explicites.

Les sons musicaux se rangent dans ces progressions ou séries dont les termes sont des harmoniques. Tout morceau pour être exécuté doit être écrit ; et par cette écriture, la hauteur et la durée du son sont fixés. C'est donc là surtout que l'on peut étudier les cycles et les harmoniques.

Pour cette étude, l'auteur classique est M. Helmholz.

Nous le suivons en général. Nous n'insistons que sur les points qui nous paraissent nouveaux, et les opinions qui nous sont propres.

Le son musical a quatre qualités fondamentales: la hauteur, la durée, l'intensité, et le timbre.

Le son musical est plus ou moins complexe. D'après Ohm et Fourier, il es une somme de vibrations pendulaires figurées graphiquement par une sinusoïde. La plus grave de ces vibrations étant donnée, les autres se succèdent selon les nombre 2, 3, 4, 5, 6, etc. quelques unes peuvent manquer.

Il peut y avoir aussi des sous multiples du son fondamental.

De ces intervalles le premier et le plus important est l'octave, né du facteur 2, et qui règle tous les autres.

Les sons harmoniques multipliés ou divisés par deux ou une puissance de deux peuvent être reportés dans l'intervalle compris entre le son fondamental et l'octave.

Si l'on range alors des sons par ordre de hauteur, on a le gamme ou une échelle musicale.

Dans les harmoniques il y a le fait capital de l'attraction.

Les harmoniques s'attirent les uns les autres, en raison inverse de leur distance dans l'échelle de la succession naturelle, et sont attirés par le son fondamental en raison inverse de cette distance.

D'après cela les intervalles harmoniques peuvent être comparés aux états des corps physiques.

L'octave n'est guère que la répétition du son fondamental.

L'harmonique, donné par le nombre trois ou la quinte, a une attraction très-puissante.

C'est pour ainsi dire un intervalle solide; c'est même l'intervalle solide par excellence.

Pour la tierce 1, 5 l'attraction se relâche, il y a presque indifférence ; c'est l'intervalle liquide ou fluide.

Pour le facteur 7, il ne peut être admis qu'à l'état de passage, à l'état transitoire ; il doit se porter vers un autre plus simple. Il y a là un ressort, une force expansive, qui fait penser à la force expansive des gaz. C'est l'intervalle gazeux.

Il ne faudrait pas pourtant trop presser ces comparaisons.

Il y a dans la musique des notes de repos, et des notes de mouvement, déterminées par le son fondamental. Quant aux notes de repos ce sont celles de l'accord parfait ; or l'accord parfait peut se résoudre, à un certain point de vue, en une période qui subdivise l'octave.

Il y a attraction entre les notes de mouvement et les notes de repos. Cette attraction est le fait le plus important de la musique. Mais l'attraction la plus forte est celle du demi ton, de *si* vers *ut*. Essayons une explication de ce fait.

Ut en nombres est

$$16 = 4^2$$

si est

$$15 = 3 \times 5.$$

D'où

$$(4 - 1) \times (4 + 1) = 4^2 - 1.$$

On a en général

$$(a + 1) \times (a - 1) = a^2 - 1.$$

Le carré est comme le terme d'une période. C'est une quantité type, attirant les sons qui s'en rapprochent le plus.

Dans toute période le terme de la période attire avec la plus grande force les termes les plus voisins ; ce dont la vie pratique peut donner des exemples curieux.

Les facteurs trois et cinq étant attirés déjà vers quatre,

leur produit doit avoir une bien forte attraction vers le
carré de 4 lui-même.

Mais l'attraction descendante du fa vers le mi, comment
l'expliquer ?

D'abord aux formes ascendantes correspondent le plus
souvent des formes descendantes. Puis dans la musique, il
y a lieu à l'action et à la réaction.

L'harmonie nous offre le phénomène de la dissonance.
Elle tient aux battements ou interférences musicales dans lesquelles deux sons s'ajoutant d'une certaine façon se détruisent ou s'affaiblissent. Néanmoins les battements très rares
ou très fréquents sont supportés par l'oreille. On se demande s'il n'y pas là un fait physiologique. On peut
croire que l'esprit demande au maximum de repos, de
silence, que l'interférence ne doit pas dépasser. La théorie
des interférences est une partie de la théorie générale
des cycles.

Néanmoins en musique, il n'est pas de dissonance, qui ne
puisse être acceptée surtout si elle est bien préparée et bien
résolue, et si les notes qui la composent sont espacées
dans des octaves convenables. On peut employer peut-être
les douze sons de l'échelle chromatique, en les répartissant
dans des accords étagés les uns sur les autres.

MODULATION. — Le changement de ton se fait par les
dièzes, ou par les bémols, c'est à dire par l'altération des
notes. Mais on peut se demander si l'altération produit la
modulation, ou si c'est besoin du changement de ton qui
produit l'altération.

Quant aux accords et aux modes la doctrine de M. Helmholz est très bonne, et nous n'y apportons que peu de mo-
difications.

Les modes sont déterminés par les accords qui prédo-
minent dans un morceau ou dans un passage.

Il y a donc lieu d'étudier d'abord la génération des accords ; puis de voir les modes qui y correspondent.

On peut diviser les notes d'un mode, en constantes et en variables. On a donc dans un mode l'accord qui le constitue et les notes voisines satellites des premières. Le mode type est le mode majeur, et les autres en dérivent par des altérations, suppressions, additions. Nous omettons cette partie quelque intéressante qu'elle soit.

Si l'on prend comme mode non seulement un accord donné, mais cet accord avec ses satellites, il y a lieu a considérer d'abord les modes simples où les notes se succèdent selon des intervalles égaux. Ce sont le mode de demi ton, et le mode de ton. Dans celui-ci le notes se succèdent à un ton d'intervalle. Nous insistons sur le mode de ton fort peu employé, mais qui dans certain cas pourrait produire des effets nouveaux.

Ensuite on a des modes mixtes : le premier est le mode-type, mode majeur, puis les modes mineur, de septième, de dominante, de sixte augmentée. Nous montrons que la puissance de la sixte augmentée est due à la convergence des attractions ascendantes et descendantes sur une même note.

Puis il y a des modes diminués pour ainsi dire. Dans ces modes, on prend pour base non l'octave mais la quinte ou la quarte.

· C'est comme l'ellipse vis à vis du cercle. Cela permet des fractions de tiers et de quart de ton. Ces modes sont surtout mélodiques. Certains peuples orientaux s'y complaisent.

. Puis il y a des modes par suppression, tel est le mode des Chinois, qui supprime le mi et fa. Tel serait ce que nous appelons mode Dorien, dans lequel le quartes, quintes et secondes majeures seules seraient admises. Il exprimerait surtout la force. Nous rapprochons ainsi les modes de la musique des modes de l'architecture.

Ce qui précède nous fait voir les harmoniques dans la musique.

Mais les cycles s'y révèlent aussi, d'abord dans le balancement des notes de repos et de mouvement, puis dans
le mouvement régulier périodique, qui est le rythme lui-
même, dans les cadences, dans les lois des modulations,
qui demandent qu'après un ou plusieurs changements de
ton on revienne au premier ton ou à un ton très-voisin,
dans le balancement entre le grave et aigu, et aussi dans
celui de l'intensité des sons et surtout dans la mesure.

Ils sont enfin sensibles dans un phénomène, qui a donné
lieu à bien des contestations.

C'est le tempérament.

DU TEMPÉRAMENT.

Nous essayons de défendre le tempérament qui est hon-
ni par presque tous les théoriciens. Nous verrons au moins
qu'il soulève des questions du plus haut intérêt.

On a d'abord la série des harmoniques; mais les premiers suppriment les autres ou les absorbent. Pourtant
les multiples d'une harmonique participent à la nature de
cet harmonique et sont maintenus comme lui. On a ainsi
les sons produits par les facteurs, 1, 2, 3, 4, 5 et 7 peut
être.

Ils forment une première échelle musicale.

Si l'on prend le nombre 3 et ses puissances successives
9, 27, etc. au bout de douze opérations de ce genre on arrive à un son très-voisin d'une octave du son fondamental.
De plus les sons obtenus, ainsi pourraient être rangés par
intervalles égaux.

Si d'autre part on prend le mode majeur, et si l'on établi
des dièses et des bémols, en prenant pour tonique, chacune des notes et chacun des bémols on obtient une série
de sons, dans laquelle soit les notes du mode, soit les
dièses et les bémols sont extrêmement voisins des notes

données par les puissances de 3. Cette série, toutefois, est secondaire.

Enfin si au lieu de prendre un intervalle donné comme la quinte, on prend l'octave elle-même, la divisant en douze intervalles égaux, on a encore des sons très-voisins des premiers.

On a donc trois échelles voisines, mais ne se confondant pas. Ici se produit le phénomène de l'enharmonie.

Par l'enharmonie un son peut se substituer à un son très voisin et jouer le même rôle.

Un son arrive à notre oreille, et c'est un autre son que nous entendons ou que nous croyons entendre.

D'abord cette substitution a-t-elle lieu ?

Cela est très probable. Quant un ut dièse traduit un ré bémol, l'attraction de ce bémol s'opère et l'oreille est entrainée vers l'ut.

Si elle a lieu réellement, on peut l'expliquer de plusieurs manières. D'abord par la vibration par influence, ayant lieu dans les organes de l'oreille, dans les fibres de Corti par ex., ou de la membrane basilaire la fibre qui donne le son juste, peut vibrer par influence, et l'attraction se porte seulement sur celle-ci.

Mais une autre explication se présente. Le son voisin n'est pas évoqué par influence, mais par la puissance de l'imagination procédant de l'esprit lui-même. Cette explication est très-importante. Ici on fait intervenir une puissance qui procède non par soustraction, mais par addition.

Les beaux-arts nous offrent des exemples, et ainsi quant à la statuaire il est évident qu'elle suscite un objet conçu, qui n'est nullement l'objet perçu. Nous avons sous les yeux une statue immobile, inanimée, et nous voyons le le mouvement et la vie !

Cela étant admis, la justification du tempérament devient plus aisée.

Nous avons vu les trois échelles : 1° celle de la succession des harmoniques ; 2° celle due à la progression des puissances de trois ou la progression triple ; 3° celle provenant de la division de l'octave en 12es ce qui revient à diviser deux en douze facteurs égaux ; c'est la division uniforme.

Puisque les résultats obtenus par les deux premières opérations sont très-voisinés des degrés de l'octave uniforme, prenons celle-ci pour type. Ce type est le tempérament. Les sons obtenus ainsi, nous les appelons sons tempérés. Ceux de la série harmonique seront les sons naturels. Ceux de la progression triple seront les sons Pythagoriciens, car cette division vient de Pythagore. Nous avons donc le système naturel, le système Pythagoricien, et le système tempéré.

Par celui-ci on obtint un cycle, car revenant à l'octave avec répétition du son fondamental, on forme bien un cycle.

Cela produit la régularité. Or la régularité est un des besoins de l'esprit.

Le tempérament ne détruit pas les sons des autres systèmes, sons qu'il suscite dans notre imagination.

Il forme l'alignement des sons. L'alignement tient à une conception supérieure de l'ordre et on en voit bien des exemples.

Mais pour qu'il y ait lieu à l'alignement, il faut que les termes soient dans une position voisine de ceux qu'ils doivent occuper dans cet alignement ; quant on procède à l'alignement d'une rue, la maison à aligner doit être voisine de l'alignement, si elle est trop loin on la laisse, si elle est trop près on le démolit. Il en est ainsi des sons.

L'octave est la période fondamentale de la musique, mais dans cette période de sous périodes tendent à se former. La série des harmoniques se présente d'abord.

La période qui divise l'octave doit être une sous-période, et un sous multiple logarithmique de l'octave. De plus cette sous-période doit être fixée par la série des harmoniques.

Quoi de plus simple que de prendre soit la quinte, soit le ton c'est à dire la différence logarithmique de la quarte et de la quinte $= \frac{3}{2}$

Le ton est très-voisin du sixième logarithmique de l'octave.

Divisant en deux nous avons le 12e, $12 = 3 \times 4$.

Nous avons ici les approximations si usitées dans les mathématiques supérieures, surtout dans le calcul intégral, et les logarithmes.

Cette opération a donc une portée plus haute qu'il ne semble. Elle nous mène à l'ordre cyclique, exponentiel et logarithmique ; elle passe de l'addition des phénomènes à l'addition des puissances.

Les sons ainsi se trouvent rangés dans un ordre cyclique, qui est toutefois combiné avec un facteur indéfini, le facteur 2.

- Sur un cycle ainsi formé on peut avoir entre les termes ou résidus les opérations arithmétiques, : addition, soustraction, multiplication etc.

Si les résultats des opérations ne dépassent pas la période, elles sont semblables· à celles qui ont lieu sur les quantités non périodiques, mais si elles dépassent la période une ou plusieurs fois, on fera le plus souvent abstraction des périodes entières, on ne considérera que le résidu.

Ainsi dans la période de 20 termes $8 + 14 = 22$. Mais soustrayant la période on a pour résultat 2.

C'est que nous exprimons ainsi

$$\overset{20}{\bigcirc} \cdot 8 + 14 = 2$$

C'est ce qu'on nomme en algèbre une congruence.

Appliquons cela à la musique. On range ainsi les sons en
les numérotant

Or comme on voit cela représente le cadran d'une montre.
On peut donc sur une montre, au moyen des aiguilles,
faire des études musicales, répéter un air, composer des
airs, simples, il est vrai; on pourrait même construire des
instruments, ayant cette forme, des montres musicales.
Observons que les instruments mathématiques, par ex. le
baromètre, prennent de plus en plus la forme cyclique.

Là-dessus on peut voir quelles sont les notes, qui par
leurs multiples, peuvent produire le demi ton, et par suite
le cycle entier. Ces sont le demi-ton, la quarte, la quinte
et la sensible. Il convient de prendre la quinte pour racine première du cycle.

Cela montre le nombre 12 comme base du calcul musical. Or l'arithmétique emploie comme base le nombre 10.
Il y a conflit entre 10 et 12, entre le système décimal et le
système duodécimal.

On a commencé par le système décimal; mais les
sciences de la nature, l'astronomie surtout, et, comme on
voit, la musique semblent favoriser le système duodécimal.
Ce qu'on peut exprimer ainsi · les créations de 3 précèdent
celles de 5. On voit quels intéressants problèmes se rat-
tachent à celui du tempérament.

Les Babyloniens, dans les vastes plaines de la Chaldée ob-
servant les astres, conduits à un système d'arithmétique et
de géométrie, ont adopté comme base le nombre 12 con-
cilié avec 10. $60 = 3 \times 4 \times 5$.

Leur écriture cunéiforme syllabique se prêtait à cette
base étendue. Les Chinois ont aussi le cycle de 60 ans.

Il y a lieu de voir si la géométrie ne concorde pas avec les considérations ci-dessus.

Voici comment on peut traiter ceci par la géométrie.

Supposons deux plans, l'un fixe, l'autre mobile et super-posé au premier, tous deux quadrillés, ayant pour origines o et o'.

Sur le premier on peut opérer autour de o des cycles formés par des carrés ou des rectangles.

Au fond le plan quadrillé n'est qu'un système de carrés.

Soit le système mobile placé sur le premier les origines et les axes coïncidant.

Si le plan mobile glisse selon la direction des x et s'il arrête à moitié chemin, entre 0 et 1, puis s'il prend un mouvement vertical continu, à un certain point de ce mouvement un triangle équilatéral sera créé. Ce triangle répété forme un réseau de triangles qui lui-même deviendra un réseau d'hexagones.

Si nous prenons un de ces hexagones réguliers, nous trouvons divisant les côtés par 2 un symbole des sons musicaux du tempérament.

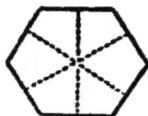

Nous y voyons l'analogue de l'alternance si marquée entre les tons et les demi-tons.

4

Elle se traduit ici par une différence de distance au centre.

De plus le 12° est la différence cyclique de la division du cercle par 3 à la division par 4 ; comme cela se voit sur la montre.

Mais cela est peut-être plus qu'un symbole,

Le son a lieu dans l'espace ; des ondes se produisent ; mais ces ondes, comme on voit par les figures de Chladni, se divisent en régions qui se limitent par des lignes ou la vibration à un caractère particulier, ces régions limitées par des lignes sont ce que nous nommons en logique des connexions.

Si l'on prend les surfaces des ondes qui se succèdent à partir du centre, aux régions limitées d'une 1re surface correspondent les régions limitées d'une 2e surface voisine, d'où une action continue qui va de l'une à l'autre. Cette action continue prend la forme d'une surface transversale qui plus ou moins voisine d'un plan normal coupe les surfaces des ondes. De là des concamérations polyédriques qui tendent vers des formes regulières. Mais ces ondes viennent frapper des surfaces planes telles que le tympan par ex. Elles produisent des concamérations polygonales, qui tendent à être régulières. Il est possible que dans le cerveau, à la terminaison des nerfs acoustiques, il y ait un organe récepteur en forme de surface ou de solide et les sons peuvent y produire de pareilles concamérations.

Cela nous amène aux polygones et aux polyèdres étoilés de Keppler et de Poinsot.

Les diverses notes ainsi disposées cycliquement peuvent être exprimées par de sinus et des cosinus.

$$A = \cos. \; \alpha + i \sin. \; \alpha$$

le cercle étant supposé de rayon 1. Elles sont donc des

quantités imaginaires et des racines douzièmes de l'unité.

Ces conceptions doivent amener de nouvelles notations musicales. Ce peut être des lettres, des chiffres. On a ici le système ingénieux de M. Gossart, qui emploie pour exprimer deux sons se succédant par demi ton, une noire et une blanche sur la même ligne ou interligne de la portée. On a aussi une notation dont les éléments peuvent former une sorte de fleur.

ou une spirale dont ils sont les rayons vecteurs, et par suite inégaux.

On pourrait aussi construire des instrumens en forme de spirale.

Tout en indiquant ces nouvelles notations nous reconnaissons les avantages de la notation actuelle sur la portée ; les bémols et les dièzes indiquent les attractions avec les notes vers lesquelles ces attractions se portent, et sont comme des accens musicaux très-précieux.

D'après les nouvelles théories on aurait deux échelles de de sons, distingués dans l'échelle des demi tons, les sons de rang impair et ceux de rang pair et la règle pour la mélodie serait d'aller souvent d'une échelle à l'autre. On pourrait ainsi dire que la loi musicale est

Numero Deus impare gaudet. Cela expliquerait les deux demi tons du mode majeur ou mineur.

Un autre avantage du système tempéré est qu'il multiplie les attractions. Dans le système ordinaire ut dièse n'a qu'une seule attraction vers ré. Dans le système tempéré qui confond ut dièse et ré bémol il y a double attraction, d'où une double puissance. Si d'après la loi ci-dessus, à savoir, l'union du pair et de l'impair, on veut chercher quelles sont les notes qui attirent le plus une note donnée, on voit qu'elles forment une gamme de tons et composent l'accord de sixte et quarte augmentée avec des notes intermédiaires, accord donc la puissance attractive est connue.

Nous avons donc trois systèmes ; mais ces systèmes peuvent être conciliés.

Il y a normalement 3 parties dans une mélodie accompagnée : la base fondamentale, l'harmonie intermédiaire et la mélodie.

La base fondamentale dans ses évolutions doit suivre surtout le système tempéré. Le système Pythagoricien est propre à l'harmonie intermédiaire, et le système naturel à la mélodie.

Cela est conforme aux recherches mathématiques et aux enseignements des sciences de la nature.

Le cycle est comme le centre de la nature, et les séries que les phénomènes nous présentent sont un produit, un fruit dont le système cyclique est la racine. Si l'on représente ce cycle par des logarithmes ou des angles égaux on va à la vraie puissance, car la loi des puissances est l'égalité ou simultanée ou de succession.

Nous indiquons ensuite les progrès dont la musique est susceptible. Ces progrès sont peu de chose en comparaison des immenses développements que lui ont donnés les maîtres de l'art. Toutefois ici rien n'est à dédaigner.

Surtout qu'elle ne s'arrête pas à une nationalité particulière, qu'elle envisage l'humanité toute entière, car à raison même de son indétermination, la musique doit moins représenter des éléments particuliers que des éléments universels.

La musique est vraiment l'art des temps modernes ; elle exprime les aspirations de l'humanité à la puissance indéfinie, et quelque soient les limites qui puissent nous être imposées à cet égard, notre élan vers le progrès indéfini et universel. Aussi est-elle vraiment une langue universelle comprise et aimée de tous.

Mais au-dessus d'elle est la poésie, ou plutôt l'alliance des deux, musique et poésie, qui est le couronnement de l'art et un des plus hauts sommets que l'esprit, le génie humain, puissent atteindre.

La plupart des notions que nous avons rencontrées dans la musique se retrouveront dans la logique avec une plus grande portée. Ainsi la musique est comme le miroir, ou tout au moins le reflet de la logique.

CHAPITRE III

DE LA PROPOSITION ET DU VERBE.

(*Hermeneia*)

On étudie en logique la forme abstraite des choses, la synthèse et les éléments qui la composent. On obtient ainsi des formes logiques.

Il y a deux sortes de synthèses, les synthèses simples et les complexes.

SYNTHÈSES SIMPLES.

Il y a dans ces synthèses des éléments de pluralité et variables : ce sont les termes ; un élément d'unité et constant : c'est la relation.

Si les termes sont simples la synthèse est simple ; s'ils sont complexes la synthèse est complexe.

On a d'abord ici une collection de termes, mais il y a plus que cela, il y a la relation, qui est une espèce de dépendance. On voit ici l'application des catégories premières.

L'idée principale, qui domine ici, c'est le rapport qui peut exister entre la relation et les termes.

Indiquons en même temps les notations dont nous nous servons.

Les termes sont indiqués par des petites lettres a, b, c, la relation en général par une ligne concave ou convexe posée entre les termes $a \smile b$, les relations particulières par cette ligne accompagnée de lettre $a \underset{r}{\smile} b$.

Il y a lieu de distinguer deux sortes de relations, les relations convertibles et les non convertibles, distinction que nous avons déjà vue.

La relation convertible se note par un signe symétrique; le non convertible par un signe non symétrique. Ainsi on peut ajouter à la ligne ci-dessus un crochet dont la position indique les sens de la relation

$$a \subset b$$
$$b \supset a$$

Comment la relation s'adapte-t-elle aux termes? Il y a lieu ici à une notion très importante, c'est celle de plurarité s'introduisant dans la relation elle-même indépendamment des termes.

La relation, étant l'élément abstrait de la synthèse, et le terme, étant l'élément concret, on aura dans la relation des *termes abstraits* qui sont des rôles, des places. Nous les appelons *déterminants abstraits*.

Les termes abstraits sont inséparables dans la relation; ils sont unis entre eux par la nécessité et le lien de dépendance.

Les termes concrets viennent s'adapter à ces termes abstraits et sont indépendants, soit les uns des autres, soit de la collection des termes abstraits. Il y a rapport de *détermination* entre les *rôles abstraits*, et rapport de *termination* entre les termes concrets et les rôles abstraits. Ex. : une caserne et ceux qui l'habitent.

Les relations simples à plusieurs termes ainsi constituées sont nommées fonctions comme en mathématiques. Ce sont des fonctions logiques. Nous avons donc des fonctions simples et des fonctions complexes.

Nous nommons forme logique l'élément abstrait de la fonction.

Nous avons plusieurs notations pour exprimer les fonctions logiques. Une des plus simples et des plus commodes, au moins pour l'écriture, consiste à exprimer la fonction par des lettres grecques, pouvant être suivies de plusieurs courbes, une pour chaque rôle abstrait

A ces courbes s'adaptent les termes concrets chacun dans chaque courbe.

Ce système de notation est susceptible de bien des formes et représente bien des fonctions.

S'il y a plusieurs fonctions à représenter, ainsi on emploie diverses lettres grecques.

Ex. x μ δ. Toutes les lettres grecques pourraient au besoin s'y prêter.

Cette notation est dite sérielle, continue, ou simplement continue.

Nous avons une autre manière de représenter la fonction, c'est une sorte d'arbre.

C'est la notation arboriforme ou graphique, nous l'employons beaucoup moins que l'autre.

On peut passer de l'une à l'autre en écrivant.

L'essentiel dans ces notations c'est de mettre en relief

l'opposition entre les termes abstraits liés entre eux et les termes concrets indépendants.

Voilà la constitution de la forme abstraite; c'est une compréhension de la notion.

Les termes au contraire en sont l'extension.

Nous appliquons ici les catégories moyennes ou dérivées.

Les termes étant unis par un rapport contingent, peuvent changer sans que la forme abstraite change. Ainsi dans une fonction mathématique on remplace une valeur de la variable par une autre valeur, sans que la forme de la fonction change. Là est le commencement du développement de la fonction.

On obtient ainsi des fonctions multiples, pouvant toutefois avoir des termes communs. Supposons dans la fonction un seul terme abstrait.

Ce terme peut être rempli par une multitude de termes concrets. Leur ensemble forme ce que nous nommons un groupe. Ils ont entre eux le rapport de groupement. Si les termes sont explicites, nous indiquons le groupement par une virgule séparant les termes; ainsi

$$\varphi \overbrace{a, b, c}$$

signifie qu'on a à la fois

$$\varphi \underline{a} \quad \varphi \underline{b} \quad \varphi \underline{c}.$$

Dans une fonction, il se peut que les termes soient en partie déterminés ou concrets, en partie abstraits.

Comparant des synthèses dont tous les termes sont concrets, on peut prendre dans chacune la collection de ces termes concrets. Or ces collections comparées entre elles peuvent avoir des termes communs, ou être exclues les unes des autres. De là l'introduction de la négation dans les fonctions logiques.

On peut prendre aussi la collection des synthèses ayant la
même forme. Ce qu'on désigne par $\Sigma\varphi$, c'est, ce qu'on nomme
des genres.

SYNTHÈSES COMPLEXES.

Les synthèses complexes se forment d'une synthèse
simple, en supposant dans celle-ci qu'un ou plusieurs
termes soient eux-mêmes une synthèse ; dans ces nouvelles
synthèses il se peut qu'un ou plusieurs termes soient eux-
mêmes des synthèses et ainsi de suite.

Cela suppose que le terme, quoique concret vis-à-vis de
la relation, se dédouble pour ainsi dire et devient lui aussi
abstrait. Cela suppose que le rapport de l'abstrait au concret se transporte entier dans l'abstrait lui-même.

Les synthèses complexes formées ainsi procèdent
d'ordre en ordre.

On peut pour former ces synthèses suivre la marche
inverse, prendre des termes concrets ou abstraits dits de
premier degré, et former avec eux une fonction plus complexe, prendre plusieurs de ces fonctions et opérer sur
elles comme sur les premiers termes. On s'élève ainsi de
degré en degré.

L'ordre est donc l'inverse du degré.

La fonction principale que tous les éléments déterminent
est de premier ordre ou de dernier degré ; c'est sur elle
que porte l'affirmation.

L'évolution par synthèse, ou l'induction, procède de degrés
en degrés. La déduction, au contraire, va d'ordre en
ordre.

Il y a lieu de distinguer les fonctions partielles et la
fonction totale. Les fonctions partielles sont indépendantes
entre elles. Mais quand la fonction totale est formée,
dans cette fonction totale tous ses éléments sont

unis par des liens nécessaires, et chacun des termes ré-
flète pour ainsi dire la fonction entière. Le tout forme
comme un réservoir de cycles ; car dans la forme totale
tout devient cyclique.

Il y a souvent dans ces formes complexes des identités.
On exprime l'identité soit en écrivant à diverses places
le même terme, soit en n'écrivant qu'une fois le terme,
mais en répétant les relations. Il vaut mieux en général
répéter les relations que les termes.

Si les termes de deux fonctions sont identiques il y a enchainement. Les cas de l'enchainement sont la série et le
cycle ; nous n'y reviendrons pas ici ; mais si l'on suppose
des identités entre les termes de plusieurs séries ou cycles,
on a des formes innombrables, rayonnements, fais-
ceaux, arbres, réseaux etc., sur lesquels nous reviendrons.

On a aussi des séries de cycles, des cycles de cycles.

On peut passer d'une forme à une autre par divers
moyens qui sont l'accroissement direct addition, l'accroissement inverse soustraction, la substitution permutation ou
échange. Cela donne comme le cadre des mathématiques.

Les formes logiques donnent lieu à des dérivées. On a
ainsi les dérivées simples et les dérivées complexes.

DÉRIVÉES SIMPLES.

1º termes ; 2º collections partielles ; 3º dérivées réciproques.

DÉRIVÉES COMPLEXES.

1º par négation ; 2º dérivées de dérivées ou médiates,
3º dérivées artificielles ; 4º dérivées synthétiques.

La dérivation se fait par abstraction ou par développement.

Voilà bien les propositions. Mais où est le verbe? Le verbe est élément d'unité. Ce sera la relation la plus synthétique, celle qui forme la fonction totale. Cette relation est une dépendance, car dans toute affirmation la nécessité est impliquée; les verbes logiques seront pour nous les formes de la dépendance.

Voyons les principales de ces formes.

Les propositions complètes prises synthétiquement s'expriment par de grandes lettres A, B, C.

Les relations les plus simples et les plus générales qui ont lieu entre elles sont les relations dérivées des catégories premières.

Ainsi la collection donne $A + B + C$, ce qui veut dire que A, B, et C sont vraies à la fois. La dépendance $A \setminus B$: l'existence de A entraîne celle de B, c'est aussi le rapport de conséquence; la négation $A \mid C$, A et C se nient mutuellement.

Outre ces relations on a le rapport des termes aux rôles abstraits dans la fonction logique.

Ce rapport est en soi contingent; mais quand il est affirmé il produit une dépendance, au moins passagère.

Nous nommons déterminants les termes de la fonction tant abstraits que concrets.

Supposons une fonction à un seul déterminant et indiquons en les principaux cas.

Terme quelconque. La fonction peut être, mais rarement, vraie avec un terme quelconque; on l'exprime ainsi

     ᴗᴀ a étant indéfini ou simplement

     ᴗ laissant le terme en blanc.

Terme singulier la fonction est vraie avec un seul terme déterminé

         ᴗᴌ ou ᴀᴔ

Terme pluriel

S'il y a un chiffre déterminé on l'écrit.
Terme particulier ou indéterminé

Le signe p ou q particulier ou quelque n'est que a
moitié du signe ce qui représente la fonction entière.
Termes individuels

b, c expriment un objet individuel.
Termes nuls. La fonction n'est vraie avec aucun terme

| étant le signe de la négation.

Termes douteux

avec le signe de l'interrogation.

Quand la fonction a plusieurs déterminants les déterminants peuvent être de nature diverses les uns individuels,
les autres particuliers, les autres quelconques; les uns
constants, les autres variables.

Mais les termes peuvent aussi être déterminés par leurs
rapports avec une autre fonction. Ce sont des termes déterminés.

Soit par exemple tout déterminant de p est déterminant
de q, ce qui équivaut à une affirmative universelle. On
l'écrit ainsi

On peut avoir ainsi comme une cascade de fonctions.

S'il y a un terme commun à ç et à ƥ on peut l'exprimer de diverses manières, surtout en menant un trait d'une fonction à un autres, ce trait désignant l'identité.

La série des déterminants peut former un cycle ; elle peut être une série complexe à plusieurs entrées.

On peut l'exprimer par tout système continu de places à deux dimensions, ou par tout système de connexions, chaque connexion indiquant une place. Parfois on peut supprimer les signes des places pour ne conserver que les termes. Il en est ainsi pour les déterminants mathématiques, qui en algèbre et en géométrie jouent un si grand rôle.

Quand plusieurs fonctions ainsi réunies ont des éléments communs et des éléments variables ou propres, cela donne lieu à une conception des plus importantes, celle de relations fonctionnelles.

Supposons que les fonctions mises ainsi en relation ne diffèrent que par leurs termes concrets, on l'exprimera en faisant porter la relation seulement sur les termes et l'écrivant entre les termes et au-dessus.

Ainsi

s'écrira simplement

ᴝ est ici une relation fonctionnelle.

Les relations fonctionnelles sont supérieures aux autres, d'un degré plus élevé, plus synthétiques. De même la puissance mathématique est au-dessus de l'addition ou de la multiplication.

Cela admis, on s'aperçoit que le groupement n'est autre chose que la collection fonctionnelle.

De plus ces relations impriment à l'ensemble des fonctions une forme cyclique, comme on voit ci-dessus.

Les relations fonctionnelles peuvent unir des termes qui sont dans des déterminants abstraits différents d'une fonction plus ou moins complexe.

Les principales sont outre le groupement, l'identité et la permutabilité.

On peut avoir

$$a\ b\quad a$$

Cela s'exprimera, l'identité étant prise comme relation fonctionnelle, par un simple trait.

$$a\ b$$

S'il y a permutabilité entre deux termes d'une fonction on accompagne le trait d'une boucle en dessous

$$a\quad c$$

ce qui veut dire

$$a\quad c\ +\ c\quad a$$

La négation fonctionnelle est aussi fort importante. À cette relation viennent se joindre ce qu'on appelle les modales, la nécessité, la contingence, la possibilité.

Ces conceptions et ces notations donnent le moyen de décomposer la pensée en ses éléments les plus abstraits ou de les unir dans des synthèses compréhensives et simples.

Elles donnent le moyen d'exprimer les quatre proposi-
ons de la syllogistique, les affirmatives universelles et
particulieres, les négatives universelles et particulières.
Néanmoins nous aurons d'autres moyens d'expression ou
plus simples ou plus commodes pour trouver les lois du
raisonnement.

Cette Herménéia ne ressemble guère à celle d'Aristote. Il
a commencé, il fallait poursuivre. Ceci est, on le croira
aisément, un résumé fort succinct ; les notations que nous
employons sont plus nombreuses, et souvent plus complexes ;
mais nous n'avons pas voulu multiplier ici les notations.

Et maintenant nous pouvons aborder la troisième partie
de la logique, où les lois du raisonnement vont être
posées.

FIN DE LA PREMIÈRE PARTIE.

PARIS.— IMP. A REIFF, PL. DU COLLÉGE DE FRANCE, 9

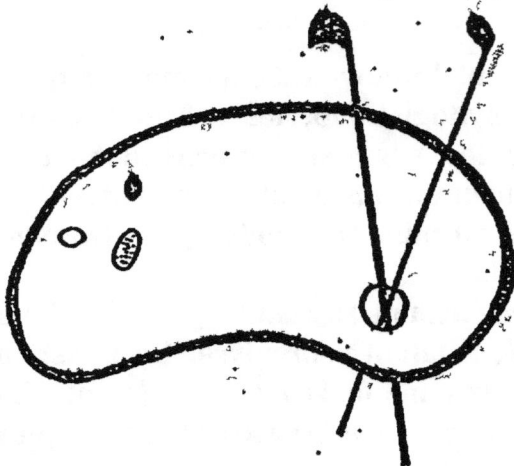

ORIGINAL EN COULEUR
Nº 2 43-120-4

www.ingramcontent.com/pod-product-compliance
Lightning Source LLC
LaVergne TN
LVHW022018080426
835513LV00009B/774